うちのスピ娘のパワーがちょっとすごくって…

いろはママ

ハート出版

娘のいろはに 何やら不思議な力が
あることに気がついたのは6歳のとき。
その力が消えた(?)7歳までの
約1年間の思い出をマンガにしました。

実話です。

6歳のスピリチュアルな女の子
いろいろと見えている!?

名前：いろは

年齢：6歳（保育園年長）

身長：110cm

体重：19kg

好きなもの：チョコアイス
プリキュア
紫色

嫌いなもの：野菜
おばけ、幽霊

いろは

うっかりしていると
たま〜に幽霊が見える程度の
微妙な霊感の持ち主

ママ

名前：ママ

年齢：40代
フルタイムで働きながら
1児を育てる主婦

趣味：和装

困っていること：
うっかり幽体離脱をしてしまう

うつ病の治療中
全く霊感のない凡人

パパ

名前：パパ

年齢：40代
勤続20数年
寡黙で真面目な
サラリーマン

趣味：マンガ・ゲーム

性格：
占い・霊能なんて信じない

きっかけ

いろはが6歳のある日
さあ保育園に行くよー靴はいてー
うん
あれ? ママのお守りぺちゃっとしてる
ん?
お守りってこれのこと?
私のお守りは汚れていなくてキレイ
うん
どちらかといえばいろはのお守りのほうが
汚れていてぺったんこ
いろちゃんのお守りは大丈夫なの?
うん いろちゃんのはまだふんわりしてる
ふーん そうなんだー
もしかして この子お守りの力のことを言っているの?
一緒に買ったお守りだけど私は体力ないしストレスの多い生活送っているからお守りの減りが早いのかな…
プププ
プリプリ~
保育園急ぐよー
ちょっと気になる…

その日の仕事の昼休み
神社に行って
新しいお守りを購入
パンパン
神様
新しいお守りに
交換します
このお守りに強い力を
入れて下さい
翌朝
保育園いくよー
うん
あー
ママ!
お守り
新しいのに
替えたでしょ!?
え?
わかるの?
うん!
ふんわり
してる!
前のお守りの
始めのときよりも
強い力が入ってる
前のお守りは
これくらい
今度のは
これっくらい
まじかよ!

確信
いろはと2人
神社へお参り
よくなりますように
よくなりますように
ん？
これ触ると
何かいいこと
あるんですか？
こんにちはー
なでなで
そうなのよー
痛いところを
治してくれるのよー
そうなんだー
じゃあ私も
なでなで
ああぁ
ママ…
ブルブル

ん？
もしかしてこれ
触っちゃダメ
なのかな？
ぶん
ぶん
なんだか不穏な空気…
触っちゃダメ
っていうわけじゃ
ないけど
キツネさん
触られて嫌だなー
って思ってるよ
え!!
キツネの
たたりとか
チョーこわい！
どうしようー
触っちゃったよー
どうやって
お詫びしよう…？
申し訳ないと思うなら
ワシに謝るのではなく
世のため人のために
なることをするように
って言ってるよ
6歳児の
作り話には
思えない!!

本物

ムクッ
ママは最近毎日同じ夢を見る
また同じ夢
それはいつもお参りに行く神社
まっすぐ行けば神社に着くのになぜか手前を左に曲がろうとする夢
よし行ってみるかー
いろちゃん今日は神社に行く前にちょっと寄りたい所があるの
ふーん
道を進むとそこには小さな神社
これかあ
どんより

菊の花にゆかりのある神様
○○稲荷
菊の花
この神様もしかしてお参りしてほしいのかなー
ちょっとお参りしていこう
せーの
パンパン
はらいたまえきよめたまえ
ピカー!!
うわ!!神様すごい喜んでない!?
ブワッ
うん 菊の花が咲いたような喜びだって言ってるね
6歳
漢字よめない
この子本物だー!!

まさか いろはが!

みなさま、はじめまして。いろはママです。関東の昔ながらの街に住んでいます。
ただいま更年期と戦いながら子育て奮闘中です。
まさか、まさか、娘のいろはに霊感があるなんて、そんなこと思ってもいませんでした!
そりゃあママは、微妙な霊感がありますが、ママといろはは何でも正反対。ママはおしゃべり苦手だけど、いろはは一度しゃべり出したら止まらない性格。ママはスポーツ苦手ののんびり屋だけど、いろはいつでも走らずにはいられないハイテンションな子。ママはくよくよと悩む性格だけど、いろははは超ポジティブシンキング。
何をするのも対照的なママといろは。
だからきっとママが悩まされている霊感も、いろはには無縁だろうと安心しきっていたんです。
それに、ママが微妙な霊感に悩まされるようになったのは、30歳を過ぎてからなんですよ。それまで霊感には全く無縁でした。よくテレビで見る霊能者とかスピリチュアルカウンセラーとかって、生まれたときから力を持っていて、親も霊感強かったりするじゃないですか。
霊感って遺伝するものなのかどうかわかりませんが、ママの家系は霊感ある人ゼロです。我が家の遺伝子に霊感なんて存在しないと思っていました。
ですので、もし、いろはを連れて一緒に神社にお参りに行くようにしていなければ、いろはの力には全く気が付いていなかったと思います。
ママがよく神社にお参りに行くようになったのは、パパの病気と、いろはのお受験がきっかけなんです。ようやく、いろはが5歳になって、手がかからなくなってきたかな、と思えてきた時、まさかのいろはは「私、お受験する」宣言とパパの鬱《うつ》病発症のダブルパンチをくらいました。
なに〜？　私立小学校に行きたいだと〜!?　この辺の小学校受験はすごく厳しいよ？　毎日たくさん勉強しないと入れないんだよ？　だけどいろはは言いだしたら聞かないタイプ。
どうしよう、パパ。

あれ？　パパの様子がおかしい…。
病人抱えながらのお受験戦争に突入です。
もう…、無理！　神様助けて〜

合格祈願
天神様で合格祈願
天神様 今年は娘が小学校受験です どうか合格に必要な力を身につけられるようサポートして下さい
パン パン
はらいたまえ きよめたまえ
パン パン
小学校受験
ねえ いろちゃん 今までときどき神社にお参りに来てたけど
もしかして いろちゃんには 神様の声が聞こえてたの？
……
今 お参りしたとき 天神様 何か言ってた？
よしよし 頑張れよ わしも手伝うからなって言ってるよ
男の人の声でしょ？
ママ 聞こえないの？
聞こえないよ!!

地球では
いろちゃんは神様の声が聞けてすごいねー
ママ 知らなかったよー
ううん いろちゃんは全然すごくないよ
いろちゃんよりすごい人がいるんだよ この地球では
地球規模!
どーん!
いろちゃんは5番目くらいだよ
なんでいろちゃんそんなことわかるの?
わかるよー だって そういう人とは会わなくてもお話し出来るから
おやすみー
何その地球ネットワーク
上位4名様どこですかー!?

いろはのこと
いろはは小さいときからやたらと運が良い
1等 旅行券 2等 お米券
商店会 福引
1等 旅行券
2等 お米券
3等 〜〜
ママー ぬいぐるみがあるねー
くじをひけば
神様 神様 当たりますよーに
ガラン
おめでとう！ 9等でーす
必ず自分が欲しい物を当て…
よかったね…
旅行券が… お米券が…
やったー
わあ 欲しかったやつーー！

ゲームをすれば
毎回毎回
ぶっちぎりの1位
手加減してないよなー？
やった！
わーいいろちゃんの勝ちー！
またかよ…
してないよガチだよ…
なぜなら負けそうになると…
んんー
神様神様絶対6が出ますように～
コロン
やった！！
ここで神様を使うとは卑怯な…
神様！甘やかしすぎはどうかと思う!!

ママのこと
ママはたまーにうっかりしていると
幽霊が見える程度の
微妙な霊感の持ち主です
キリッ
早く仕事仕事!
どういうことかというと
普段 気を張っているときは
見えないのですが
たまにボーっとしていると
ボー
ふぁ 今日は眠い
視線
ん?
ということがよくあります
寝ているときはよく
金縛りにあいます
く 苦しい…
そんなときも
いろはは よく眠っているので
どうにもできないので帰って下さい
この子は霊感ないと
思ってたんだけどなぁ

パパのこと
パパはうつ病を患って治療中
薬を飲みながら日常生活を送り会社にも出勤していますが
ただいまー あれ？鍵あいてたのにパパいない
冷房
なぜかついているストーブ
あいているマド
TVつけっぱなし
病気のせいで注意力散漫
あーパパまたダメダメだねー
いろはとは喧嘩がたえません
イライラ
いいかげんにしろ!!
あーパパ帰ってきたまた鍵あけっぱなしー何でストーブついてるのー？ストーブって何だか知ってるー？保育園の子でもわかるよー
パパって何回いってもダメだねー
あなたは神社にお参りに行ってきなさい
いいかげんにしろはあんたよ！
はい
数時間後
ただいまー
いやー今日も神社で大きな蝶がたくさん寄って来てすごかったよー
なぜかこの人は神様から大変気に入られています

ママの霊感体質

ママは30歳頃から霊感体質で困るようになってきました。いろはが生まれるずっと前の事です。それまで全く霊感とは無縁だったのに、何でいきなりって思いましたよ。たぶんその頃、ブラック企業で社畜生活をしていて、あの世に片足つっこんでる状態だったからかもしれません。

そしてやっかいなことに、ママの霊感は微力すぎるんです。幽霊の気配に気づく、気づくからついて来られてしまう、でも自分で祓う力はないんです。幽霊に付きまとわれているから、さらに別の幽霊が寄ってくる、の悪循環。どんどんつきまとう幽霊は増えていって、まるで集団ストーカー。生きているストーカーなら警察に対処してもらえるんでしょうけどね、こんなの警察に相談出来ないし、だいたいやつら玄関に鍵かけてもお構いなしに入ってくるからホントたちが悪いです。

なんとかしたいと思って色々ためしました。本屋のスピリチュアル本とか、風水本や、占い本、片っ端から読んで試してみたけど、全然ダメ。悪い気を集めてしまうばかりで逆効果でした。素人がへたに本の知識で余計なことすると危険だって思い知らされましたよ。

毎日幽霊ストーカーにつきまとわれているとね、寝ようとすると金縛りに遭うので眠れないわけです。うとうとしてくると幽霊に頭をガツンと殴られて「バーカ、バーカ」と言われて邪魔されるんですよ。それでもなんとか眠ると次は両手を掴まれて無理やり魂を身体から引きずり出されそうになったり、やりたいほうだい。金縛りに遭いながら無理やりエッチなことをされることだってありましたよ。だいたい素直な人は死んだら成仏しますし、もし事情があって成仏できなくても、良い人なら生きている人に悪さなんてしないと思うんですよ。ママにつきまとってくる幽霊は性格最悪の猟奇犯みたいなやつらばっかりでした。

夜眠れないので日中も眠くてついウトウトしてしまうと、昼間でも金縛りに遭うんです。満員電車の中で金縛りに遭ったり大事な会議中に金縛りに遭ったり、だんだん日常生活がままならなくなってきます。信号を渡っている途中でふっと意識が飛んだり、駅のホーム際で体が動かなくなったり、命を落としかねない状況に何度も陥りました。

そしてこの時、ママは間違った選択をしてしまいました。神様に助けを求めずに霊能者に助けを求めてしまったのです。いるのかどうかもわからない神様を頼るより、ママの目の前に居てくれてアドバイスをくれる霊能者のほうが確かに助けてくれると思ってしまったのです。

最初は霊能者すごい！　と感動しました。浄霊してもらうと確かにママの周りの悪霊がいなくなってすっきりするのです。だけどやつら、またすぐに戻ってくるんですよ。霊能者からは、次はもっと強い浄霊を、それでもダメなら次はもっともっと強い浄霊を、と勧められて、その結果、気づけばママは霊能者に数百万のお金をつぎ込んでいましたが、何も好転していないわけです。ようやく、これは違う、と気がつきましたが、その時にはもう霊能者からストーカーのように付きまとわれるようになり、逃げ場がなくなっていました。

そんなとき、自宅に訪ねてきた霊能者をパパが追い返してくれました。それ以来、霊能者はママに連絡してくることがなくなり、すっかり縁が切れました。ママは人生の大事な局面を、パパに助けてもらったのです。

とはいえ、ママの霊感体質はそのまんま。その後、いろはを授かり出産しましたが、ずっと幽霊に悩まされ、毎日、命の綱渡りをしているような生活を送っていました。

パパが鬱病を発症し、いろはがお受験宣言をしたのは、ママがそんな状況のときでもありました。

パパ 気持ち悪い
いろはは パパと一緒にいるのを嫌がります
いろちゃん パパと一緒に ご飯食べて
パパ 気持ち悪いから やだー
パパと一緒に お風呂入ってー
気持ち悪いから やーだー
そういう年頃なのかしら? 女の子だしね…
と思っていたのですが
あるときパパが ママでもわかる程に 大量の気持ち悪い「何か」を背負って 帰ってきたときのこと
ただいまー
ギャー
パパ 気持ち悪いー 入ってこないでー!!
違う これ 気持ち悪いの意味が ガチだ!!

チョコアイス

あなたは外で
不動明王のご真言を
唱えてきなさい
はい
んー
家の中に入り込んで
しまった こいつらを
どうしよう
いろちゃん
お願いがあるん
だけどー
この気持ち悪いのに
外に出て行って
もらいたいんだけどー
神様 呼んでくれ
ない？
えー いろちゃん
今日はもう元気ない
から無理だよー
お願い！
そこを何とか！
えー じゃあ
チョコアイス
買って
くれるー？
わかった
チョコアイスね
ビュン！
パン
パン
チョコアイスで
神様召喚

夏越大祓《なごしのおおはらえ》
あー 今年の夏越大祓は保育園参観の日だー
私といろはは行けないやー
パパさー 会社帰りにお守りだけもらってきてよー
6月
はい
夏越大祓
ありがとうー
うん 無病息災のお守りだから枕元に置こう
ママー そのお守り飾るのー？
数日後…
お守り飾ったばかりなのに
おかしいねー
だって あのお守りパパが持って帰ってきたもんパパの気持ち悪いネバネバが付いてるもん
えー!!
早く言ってよー!!

パパの鬱病

いろはが5歳のとき、パパは、会社で部署を異動したことが原因で鬱病を発症しました。

パパが鬱病になって初めて知ったんですけど、鬱病といっても色々なタイプがあるんですね。鬱病といえば、部屋に閉じこもってひたすら塞ぎ込むイメージがありますが、パパの様子はまるで違ってました。病人とは思えないほどモリモリよく食べて、ぐっすり寝て、普通に生活しています。ただ違うのはひたすら物忘れが増えたこと。毎日毎日同じ失敗を繰り返すようになりました。そして自分でもその状況にイラつくのか、怒りっぽくなったことです。元々温厚だけが取り柄のような人だったのに、家族にあたり散らすようになりました。たぶんもっと高齢だったら完全に認知症と誤解していたと思います。

そして本人に自覚がないことがこの病気のやっかいなところなんですよ。たぶん自分がおかしいなんて認めたくなかったんでしょうね。まずは病院に連れて行くまでに一苦労。そして治療を始めてからも本人は「もう治っている」と言い張って自分の病状を認めない時期が長かったです。

このとき、いろはにはパパが鬱病になったことは言っていませんでした。新しい知識に敏感な5歳児に「よその人に言っちゃダメ」は通用しません。いろはが知れば必ず周りの友達やお母さんに話してしまいます。もし受験のために通っている幼児教室のお母さんたちの耳に入れば、いろはの受験校に電話して合格を阻止しようと、やりかねない人たちでした。

だけど、いろはもパパの様子がおかしいことには気づいていて、パパを見ると「パパ何やってんの〜？　なんでそんなことも出来ないの〜？」と、ド直球でパパを責め出します。そうなるともう、パパVSいろはのバトル勃発。パパはイラついて、いろはを怒鳴る、いろはは大号泣、結局パパも自分が招いた惨状に嗚咽《おえつ》しだすといった修羅場になります。

ママは、家の中ではいろはとパパが接触しないように気を配り、その結果、いろはのことにかかりきり。自分といろはのことでめいっぱい。パパの病気のケアまでとても手が回らない状況でした。

神様との出会い

パパの鬱病はひどくなるばかり。ママは体力的にも精神的にも負担が限界にきていました。もう〜、離婚しようかとか、早く自殺してくれればいいのにとか、不穏なことも頭をよぎりましたよ。そんなときに何かにすがりたくなって、吸い込まれるようにして近所の神社にお参りに行ったんです。お参りしながら、心の中でパパの愚痴ばかり言ってたんですけどね、全部吐き出すと不思議と気持ちが軽くなったような気がしました。身体も少し軽くなったように思えます。

最初はまさか神様のおかげとは思いませんでしたよ。だって、誰でも天気の良い日に緑生い茂る場所に行けば、清々しい気持ちになるでしょう？　だけどある時、泣きたい気持ちでお参りに行くと、知らないおじさんが大声でひょうきんな歌を歌っていて、おもわずクスっと笑ってしまったことがあったんです。あれ？　もしかして神様、私のことを励まそうとしてくれてるの？　私の話、ちゃんと聞いてくれているのー!?

まさか、超びっくり！　そう思ってから、ママは色々と神様のサインに気づくようになりました。お参りに行くと1羽の蝶がお出迎え、「わぁ、神様ありがとう！」とお礼を言うと、帰りもその蝶が鳥居までお見送り。また違う日は大きな白い鳥がいて、ママに気づくと、翼を広げて決めポーズ、猫

ご愛読ありがとうございます（アンケートにご協力お願い致します）

●ご購入いただいた書籍名は？

●本書を何で知りましたか？

① 書店で見て　② 新聞広告（紙名　　　　　　　　）

③ インターネット　④ その他（　　　　　　　　）

●購入された理由は？

① 著者　② タイトル　③ 興味あるジャンル・内容　④ 人から薦められて

⑤ ネットでの紹介・評価　⑥ その他（　　　　　　　　）

●購入された書店名は？

区

市

町

ご意見・著者へのメッセージなどございましたらお願い致します

ありがとうございました

※お客様の個人情報は、個人情報に関する法令を遵守し、適正にお取り扱い致します。
ご注文いただいた商品の発送、その他お客様へ弊社及び発送代行からの商品・サービスのご案内をお送りすることのみに使用させていただきます。第三者に開示・提供することはありません。

料金受取人払郵便

豊島局承認

5483

差出有効期間
2021年1月6日
まで

郵便はがき

1708780

143

東京都豊島区池袋3-9-23

ハート出版

① 書籍注文 係
② ご意見・メッセージ 係（裏面お使い下さい）

〒		
ご住所		
お名前		女・男 歳
電　話	－　－	
注文書	ご注文には電話番号が必須となりますので、ご記入願います。 お届けは**佐川急便**の**「代金引換」**となります。**代引送料￥400円。** ※書籍代（税込）**￥1,500円未満は代引送料が￥750円**かかります。離島の場合は日本郵便。	
		冊
		冊
		冊

が鳥居の前から本殿まで先導してくれたり、今日も神様がママのためにおもてなしをしてくれているんだ、と嬉しくなり、神社に行くたびにドキドキワクワクするようになりました。

これはすごい、パパもここに連れてこなくては。ママだけすっきりしても元凶のパパがあのままでは埒《らち》が明かない。だけどパパは神様なんて一切信じない現実主義者です。そこでママは、ちょっと賭けに出てパパを脅しましたよ。「離婚したくなかったら、毎朝早起きして神社にお参りに行きなさい」って。そうしたらパパ、せっせと毎朝お参りに行ってくれるようになったんです。パパ１人で行ってもらっていたんですけどね、話をきくと、大きな蝶が寄ってきたり、ご神木の小枝が折れてパパの足元に落ちたり、そりゃもう、毎日すごいおもてなしっぷりだったようです。

休日は時間をかけてゆっくりお参りに行ってもらいました。すると、ずいぶん体がだるくなるそうで、家に帰るとすぐにぐっすり眠っていました。神様が治療してくれているんだな、と思いました。パパ自身もお参りに行くと頭がすっきりして、それまで頭の中にあったモヤのようなものが晴れるのがわかったそうで、だんだん神様の力を信じるようになってきました。

パパの病状はみるみる快方に向かい、なんとかいろはの受験当日に間に合いました。そして、気づけばママが幽霊で悩まされることも、ずいぶん減っていたんです。神様の威力を実感しました。

元気いっぱい

帰宅
ただいまー
はあー つかれたー
あー ママのお守り また力が弱くなって きてるー
いろちゃんが 力を入れて あげるよ
ん〜〜
えー そんなことしたら いろちゃんの力がなくなっ ちゃうからダメだよー
今日は保育園だったから 大丈夫だよー 明日も保育園だし
はあ？
はい ママ

保育園に行くと楽しくて笑っている子がたくさんいるでしょー
そういう子は元気の力があるから
いろちゃんが疲れて元気が足りなくなったら そういう子の所に行って
元気の力をちょうだいって
お願いするんだよー
そうすると 力を分けてもらえるから
いろちゃん 元気いっぱいになれるんだよー
元気ちょーだい
はーい
おクチに出して言ったんじゃダメなんだよ
その子にわからないように心の中でこっそりお願いするんだよ
何その魂取り引き!!
それ絶対お友達に言っちゃダメだよ
えー

お散歩
あー カラスだー
カラス だねー
あー ハトだー
ハトだねー
スズメだー
スズメ だねー
あれ？ 鳥って なんだか2羽ずつ いるの多いね
そうだよー 鳥は 仲良くなると ずっとお友達と 一緒にいるん だよー
ふーん いろちゃん なんでそんなこと 知ってるの？
だってほら そうなんだってよー
神様ってけっこう おせっかいおばちゃん

紫が好き
今日はお出掛け
支度できたー？
あれ？ いろちゃん
今日は紫だらけだね
うん！
おともだちから
もらった
紫のリュック
たまたま
安かったから買った
紫のシャツ
お下がりでもらった
紫のパーカー
セールで
これしか残って
いなかったから買った
紫のスカート
ママがまちがえて
注文した
紫のくつ下
そういえば
最近いろはの持ち物に
紫が増えているような…
紫だらけ
そうだよー
いろちゃん
紫が好きだから
紫が集まるように
してるんだよー
集まるように
してるの!?

神様との約束1
保育園の帰り
ママー大丈夫ー？
ゲホッ
ゲホッ
うんー ママいつも体弱くてごめんねー
ママはさー生まれ変わったらいろちゃんみたいに元気な子に生まれてきなよー
？
は？ ママ生まれ変わる予定ないよ
かってにころすな
おばあさんになって神様の所に行ってまた赤ちゃんになって生まれてくるでしょー
そのときにいろちゃんみたいに神様にお願いしてから来るんだよー
ちがうよー
輪廻転生!?

神様との約束2
いろちゃんはねー 生まれる前に 神様に丈夫な筋肉の つく子に生まれる ように お願いして 生まれてきた んだよー
ふーん
でねっ 生まれたらたくさん ハイハイを頑張る 3歳で しっかりした お姉さんになる 4歳で たくさん 走れるようになる 5歳で 復習をする 6歳で ビルの上まで 階段で登れるようになる 7歳で 小さい子に やさしくしてあげる
8歳は 勉強を頑張り ながら運動も頑張る 9歳は 大人になる練習を はじめる 10歳は たくさんジャンプする 11歳…12歳…13歳… 20歳は 体が固くならない ようにやわらかくするって 約束したんだよ
ママも次は いろちゃんと同じに 約束して生まれて 来るんだよ
いいね!?
その約束 細かすぎ!!

天国の話
ママー いろちゃん 生まれる前 ママは神様に赤ちゃんくださいってお願いしてたでしょー
その神様がいるところって何て言うのー?
んー 天国かなー?
いろちゃん 天国にいたとき 天使と一緒にいたよ
天使はね 男の人が5人と 女の人が6人 えーと1・2・3…… 11人いた
ふーん
生前記憶!?
そこで 他の子供たちと一緒にいたの?
子供たち いたけど 天使のお手伝いをしてたのは いろちゃんだけだよ
いろちゃんは最初 天使から生まれて 今くらいの 子供になるまで 天国にいて 天使のお手伝いの 仕事をしてたの
あとね 神様が1人いたよ 男の人 いつもいるんじゃなくて ときどき来るの 大きくて怖くて いろちゃん 最初は神様が来ると 泣いちゃったんだけど だんだん慣れてきたら そばに来てくれるように なって優しかったよ

もしかして そこでママの こと選んで この人がいいな って思って 来てくれたの？
ワクワク
ドキドキ
選んでないよー 天国にいたとき ママのこと 知らなかったもん
ガックリ
ママのところに 生まれたがっている子 たくさんいてさー みんなが僕が行く 私が行くって いろちゃんの 邪魔するから いろちゃんなかなか 来れなくてさー
不妊治療5年目
でも いろちゃん まだ 生まれるの怖かった から嫌だったんだけど 神様が もう行かなきゃ ダメって言ってさー
ヤダーって 言ったんだけ どさー
高齢出産ギリギリのタイミング
大丈夫だよとか 頑張ってとか 神様が 応援してくれたんだ けどさー
いろちゃん 神様 ぶん殴ったり キックしたりして 暴れたんだけど 神様にポーンって 出されちゃって
そしたら ピューンって空飛んで ママのお腹だったんだよ
ママのお腹はいやだった
まさかの強制退去!!

事故
勤務中
はい
○○です
お母さん!!
いろはちゃんが
保育園で転落しました!
早く病院へ来て下さい!
園長先生
○○外科
いろは!
サー
あぁ
お母さん!
耳から血
口から血
鼻から血
血まみれ
うちでは
対処できないので
大きな病院へ
まだ
食べないで
おなかすいたー
えー!!

〇〇小児外科
ブーン
顔面を骨折しています
まだ食べないで下さい
えー!
おなかすいたー
脳は調べられないので別の病院へ行って下さい
〇〇総合病院
ピーポーピーポー
脳に異常はありません
今日は食べちゃダメです
よかったー
ホッ
おなかすいたー
いつも運の強い子なのに
ん? もしかしていつも運が良いばかりだから
試練はまとめてやってくる!?

入院

骨折で入院
ママも付き添いで
お泊まり
深夜2時
金縛り!
う~
あー
そうだよね
病院だもんね
苦しぃー
ちょっ
この量やばい
息がー
むくっ
トコトコ

ママ
スッ
ガバッ
ゼーゼー
いろちゃん ありがとう！
あれ？ 寝てる
そうだよね 動けるわけ ないもんね
今のは 幽体離脱!!

受験勉強
奇跡的な回復
とぉ!
あぁっ まだ ゆっくり!
さあ 受験勉強 遅れた分 取り戻そう
「○○はまるで ○○のように ○○だ」という 言葉を作りましょう
たとえば 「チーターはまるで 新幹線のように速い」 とかだよ
「神様はまるで 天使のように まぶしい」
……
文法はいいんだけどね…
ママには 正解かどうか わからないよー

生霊《いきりょう》
深夜
金縛り
うー またか…
しかも鏡に映って生霊パワーが2倍に!!
その夜ママは朝まで苦しみました
ごめんね 明日は遊ぼうね
う〜ん う〜ん
いろはの生霊!?
あそんで
ママ あそんで
って この人影は どう見ても いろはは!
最近遊んで あげてなかった からなあ…
うーん 悪霊なら さっさと 追い返すんだけど これはどうしたものか…
とりあえず 寝室に鏡は やめよう

いろはのお受験

パパが鬱病を発症してまもなく、いろはが「私立小学校に行きたい」「お受験する」と言いだしました。親の私たちが勧めたわけではなく、自分から言い出したんです。

いろはは生まれたときからとても活発で、なぜか人生を急ぐタイプの子でした。生まれたばかりなのにすぐに起き上がろうと必死になり、起き上がれるようになると、すぐに歩き出そうと頑張って、3か月のときにはゴロゴロと床の上を転がりながら移動していましたし、10か月のときにはダッシュで階段を駆け上がるようになっていました。0歳児にしては驚異的な身体能力です。

保育園に行くようなってからは、クラスのリーダー的存在になっていました。ところが年中に上がるとき、異変が起こりました。いろはが通う保育園は、待機児童対策に臨機応変に対応してくれる保育園だったのですが、いろはは年長クラスに編入され、年長児たちと一緒にすごすことになったのです。それまでは何をやっても自分がクラスで一番だったのに、今度のクラスでは周りのお友達のほうがよく出来る。いろはは人生初めての挫折です。みるみるいろはの情緒が不安定になってきました。

そんなときに、きっと誰かから「私立小学校は頭の良い子がいくところ。すごい子が行くところ」という話を聞いたのでしょうね。いろはが私立小学校の話をしだしたのです。

パパが病気でそれどころじゃないときに正直勘弁してほしかったです。でもパパの病気を理由に夢をあきらめさせるわけにもいきません。悩みましたが、いろはに受験をさせてみることに決めました。受験のために幼児教室に通うようになったのですが、これがすっごいハードなんですよ。まだ5、6歳の幼児に90分間、みっちりプリント問題を解かせるんです。もちろん私語禁止、背筋はまっすぐ。先生は厳しい目つきでニコリともしません。もう見ているママのほうが涙目になります。宿題も毎日1時間から1時間半、勉強に取り組みます。休日も勉強で遊ぶ時間がありません。こんなの続くわけがない。きっとすぐに音を上げるだろう。いろはが諦めたらやめさせようと思っていました。ところがいろはは諦めません。問題を間違えても泣きながら頑張って受験をやめようとしないのです。

ママは焦りました。もしこの子がここで挫折したらこれから先、一生の人生に影響する大挫折になるかもしれない。取り返しのつかないことになるかもしれない。これは絶対に失敗出来ない!! 受験シーズン本番となってから、ときどきいろはを天神様にお参りに連れて行くようにしました。

いろはは幼児教室で、初めのうちは集中力が続かなくてレッスンについていかれなかったのですが、天神様のお守りを身につけてレッスンに臨むようにしたら、不思議と90分間、集中力が持つようになり、どんどん力を身に付けていきました。そうやって、ママと一緒にお参りに行ったり、お守りを持ち歩くようになり、いろはの不思議な力が発現したわけです。

タブー
いろはが大ケガをしたので神社でお祓い
バサッ
ねえねえ今日は神様何か言ってるの？
ワクワク
今日はパパがいるから聞こえないよー気持ち悪いのが邪魔するー
パパはあっち行ってて
はい
ねえいろちゃん神様に小学校合格できるかどうか聞いてよー
ダメだよママ！神様は人間のために頑張ってくれるけど未来のことは教えてくれないよ
はいその通りですごめんなさい

お札《ふだ》の置き場所
んー いろはの厄除けの お札 どこに 置こうー？
あそこ いろちゃんの トロフィーの ところ
えー なんか狭くない？
神様のお札は 大切な物の所に 置くのがいいよ
トロフィー いろちゃんの 大切な物だもん 神様 喜ぶよ
いろはが 大切な物を いろいろと 載せるので
わが家のお札 置き場はこんな感じ
がんばり
賞状
載せすぎじゃない？

幽霊
ママー 幽霊って いるのー?
いない よー
いるけどね いるって 言ったら 怖がるしね…
でも お墓には いるんでしょ?
いろちゃんの 所には来ないから 大丈夫だよ
この間 病院でね 夜寝てたら 足のほうが ゾワーってしてね 見たら誰か 立ってたんだよ
だけどママが いつも幽霊はいない って言うから 気のせいかなって思って 寝たんだよー
うんうん 気のせいだよ いないよー
そっかー
おやすみー
ああ それ 完全に 見えちゃってるね

ご眷属
ママー 天神様のところには 男の人が5人と 女の人が2人 いたよ
ん? 何のこと?
神社の人 そんなに いないしー
もしかして ご眷属のこと?
ゴケンゾクって なーに?
んー 神様の家来 みたいな お手伝いの人かなー
んー 家来とは ちょっと違うなー お手伝いとも 違うよー
何て言ったら いいのかなー
その人たちが お仕事してくれて いるんだよー
ああ! 神様になるために 修行してる人たち なんだって
そうそう それが ご眷属
ちょっと待って 今 誰に聞いたの!?

風邪

受験まであと一週間
早くパジャマ着てー
ゲホッ
うん
ゲホッ
ええ～もうすぐ受験なのに風邪困ったなー
ゲホッ
大丈夫だよ本当はもっとひどい風邪のはずなんだけど神様のお守りが守ってくれてるからこれくらいですんでいるんだよ
神様が守ってくれてるから受験までには治るよ
えー いつも風邪ひいて1か月以内に治ったことないじゃーん
5日後
まさかの完全復活!!
お守りパワーすご!!

お守り
さあ保育園行くよー
ガチャガチャ
あっ
ガチャン
サッ
あーママ！
お守り落としたらパンパンってはたかなきゃダメだよ
え？そうなの？
この世の中で一番大切なのは神様
パンパンしなくても神様 怒らないけどそういうの失礼だよー
うん
大切っぷり半端ない!!

最後のお願い
天神様 明日はいよいよ娘の受験です
最後まで集中力がとぎれませんように
体調を崩しませんように
ふざけませんように
親子面接失敗しませんように
パン パン
他の子に邪魔されませんように
焦って失敗しませんように
事故に遭いませんように
しっかり受け答え出来ますように
明日8時に家を出るので守って下さい
帰宅後
しまった!! 神様に時間 間違えて言っちゃったよ 明日 家出るの7時だった
あぁ あっ
もう しょうがないなー ママ いろちゃんが神様に言っといてあげるよ
パン パン
いろちゃん 神社に行かなくても神様とお話しできるの?
たくさん元気を使うけど頑張ればできるよ
遠隔通話!!

同行5人
朝7時
いざ出発！
せーのっ
パンパン
天神様 今日はよろしくお願いします
あー ご眷属 来たね
ホントだ 胸のお守りがあったかい
いろちゃん用に1人と パパとママ用に1人 来てくれてるよ
2人だね!!
受付
○○小学
神様 ありがとう 合格しました!!

天神様のサポート

受験当日、信じられない奇跡の連続が起きました。

まず、いろはは普段、胃腸が弱い子で、早起きをして朝食を食べるとお腹を壊すし、バスに乗るとお腹を壊す子なのですが、受験の日はいつもより早起きをしてバスで受験校へ向かいました。もちろんこの日のために数週間前から、早起きをしてバスに乗る練習を繰り返しましたが、最後までダメでした。すぐにお腹が痛くなってテンションだだ下がり。試験どころではない状態になってしまいます。

ところが受験当日は会場についても元気いっぱい。まったくお腹が痛くなる様子がありません。

そして会場では受験生1人1人にゼッケンが配られるのですが、いろはが手渡されたゼッケンは紫の1番。いろはの大好きな紫。しかも1番なのでテンション上がりまくり。試験にむけて気合十分、やるきスイッチが入りました。

また、試験ではグループごとに分けられ、グループ行動も審査されます。いろはは仲良しのお友達と同じグループに分けられました。仲良し同士なので、当然お互いに声を掛けあい、すばらしいチームワークを披露出来たようです。

筆記試験では、心配ごとがありました。いろはは落ち着けば出来る子なのに、気分屋なので、最初の1問が解けずに焦ってしまうと、最後まで気分を引きずってしまい、まったく問題が解けなくなってしまうことがあります。ところがママのそんな心配をよそに、しっかりと問題を解けたようで明るい表情で帰ってきました。

そして一番の心配は親子面接。パパが焦って大失敗したらいろはの努力が水の泡になります。祈るような気持ちで臨みましたが、なんとしっかりしたパパの受け答え。鬱になってからは、しどろもどろしてまともな会話が出来なかったのに、まるで別人のような受け答えです。もちろんいろはもママもしっかり受け答えでき、無事に試験を終了しました。

信じられないような奇跡が重なり、まさかの合格。いろはが「ご眷属が来てる」と言ったのも納得です。

お礼参り
準備OK
今日は天神様にお礼参り
ペコリ
今日は摂社末社も全部お参りして行こうね
せっしゃまっしゃってなーにー?
本殿の神様じゃない小さい建物の神様だよ
ふーん

どういう順番が
いいのかなー
まずは
本殿の神様に
お参りかな…
違うよママ
小さい建物が
先がいいよ
力の小さい
神様から順番に
お参りだよ
そうなの？
なんで？
絶対！
給食食べるとき
嫌な物は
先に食べると
わーいって
感じでしょ
そーゆーこと！
よくわからない
理由だけど
お参りは小さい
神様から順番

お参りの作法
んー 神様の力の小さいとか大きいとかママにはわかんないなー
建物の大きさ順でだいたいあってるよ
こういうのは？
これは神様入ってない力が入ってるだけ
これは？
これは何かいるけど神様じゃないお参りしなくて大丈夫
というわけでまずは末社からお参り
パン
パン

ママー
これすぐ
お片付け
するー？
うん
今 片付けるよ
ママはねー
こういうの
置きっぱなしにすると
ゴミになって
汚くなるから
すぐ片付けたほうが
いいと思うんだよー
そっかー よかったー
神様も
そういうふうに
思ってるよ
そっかー よかったー
うふふ
おそなえ物は
すぐに片付ける

子守歌

JASRAC 出 1910085-901

神様のあれ
さあ おやつー ロールケーキだよー
あー ママー 神様ー!!
はあ?
ほらー このクリームの 形だよ
ほらー 神様のあれっ! あれみたいー
神様のさー シューってやつー
もうー ママ わかんないかー
もう いいやー
6歳の語彙力が もどかしい!!

神無月
明日はいろはの手術の日 心配なママは1人で神社にお参り
受験でお世話になったからなんとなく天神様に来ちゃったけど 学問の神様だしなー どうしよう…
手術というのは いろはが生まれたときからある 額のイボを取る手術 危険な手術ではないけれど 女の子だから 痕が残らないか心配 キレイに治ってほしい…
よし今日は摂社のお稲荷さんにお願いしていこう
パンパン
ママ今日ね 天神様のところのお稲荷さんに いろちゃんの手術のこと お願いしてきたよ
なんで？
へ？
ムクッ

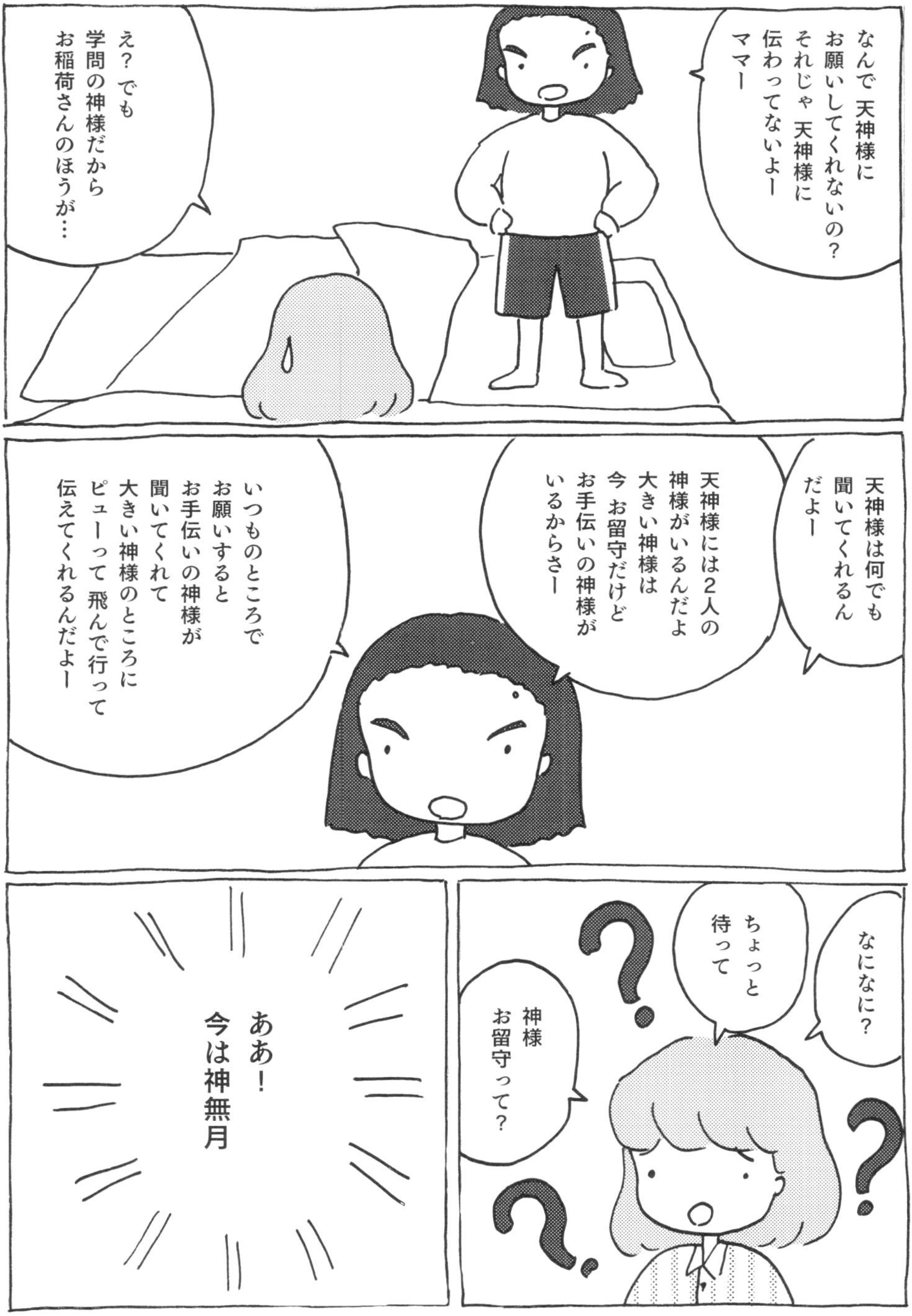
なんで 天神様に お願いしてくれないの? それじゃ 天神様に 伝わってないよー ママー
え? でも 学問の神様だから お稲荷さんのほうが…
天神様は何でも 聞いてくれるん だよー
天神様には2人の 神様がいるんだよ 大きい神様は 今 お留守だけど お手伝いの神様が いるからさー
いつものところで お願いすると お手伝いの神様が 聞いてくれて 大きい神様のところに ピューって飛んで行って 伝えてくれるんだよー
なになに?
ちょっと 待って
神様 お留守って?
ああ! 今は神無月

神様は北にあり
話を整理しましょう
2人の神様がいるっていうのは 天神様の本殿のことね？
うん
その2人の神様っていうのは いつもお願い聞いてくれている大きい神様と もう1人はそのお手伝いをしている神様なわけね？
うん
お手伝いの神様って眷属のことじゃないの？
違う その人も神様
ふーん
今大きい神様はお出掛けしてて留守なわけね？
うん
だけどお手伝いの神様がお留守番しているから本殿でお参りすれば大きい神様に伝えに行ってくれるってことね？
うん なんで いないんだろう？
この時期は会議に行ってるって言い伝えだよ
そっか それだよ
いろちゃんとしてはお稲荷さんじゃなくて力の強い本殿の神様にお願いしてほしかったってこと？
うん そう
んー どうしよう 明日手術の前にもう一度お参りに行こうかなぁ…
明日朝 早いんだよなぁ
いろちゃんが今神様に頼むよ
その手があったか！
遠隔通話!!

んー こっちだ
いろちゃん 天神様は あっちの方角 だよ
グル グル
でも お話し できるのは こっち向き だよ
北
そういえば あのときも
あのときも
北向き!
あーもー ママ やっぱりお手伝いの 神様 明日 いろちゃん が手術するの 知らなかったって 言ってるよー
いろちゃんが 見せに来ないから どういう手術する のか わからない って言ってるー
え~ やっぱり 明日 もう一度 お参りに行こう かなぁ…
大きい神様に伝え てくれるから 大丈夫だよ 大きい神様なら わかるよ
どうしよう すごく不安

本物の笑顔

手術当日
さあ
取りますよー
ひっ
局部麻酔
イヤァーアァァー
○○病院
怖かったー
怖かったよ～
アァァ～
もう大丈夫だよ
ほら いろちゃん
笑顔の人から元気
もらえるって
言ってたじゃない
ママの笑顔の力
あげるから
元気出してよ
そういう本当の
笑顔じゃない
笑顔じゃ
ダメなんだよー
大人の人とかが
本当は楽しくないのに
笑ってる笑顔じゃ
ダメなんだよ～
アァー
アァ～
子供は見抜いている

同じお願い
10日後
んー だいぶ目立たなくなってきたけど やっぱり心配 もう1回 神様に…
しつこい
ママー いろちゃんがお願いしたから もういいってばー
同じお願い 何回もしなくて 大丈夫なんだよー
え？ 同じお願い ダメなの？
だいたい あれで ちゃんと お願い できているのか 不安なんだけど
ダメっていう わけじゃない けどさー
神様 優しいから 何回同じ お願いしても 怒らないけどさー
なんてゆーか はいはい わかってますよー って感じなんだよ
んー つまり1回お願い すれば十分だから 何回もお願いするのは 神様に失礼ってわけ？
そう そう
お願いは1回で十分

神様の得意分野
それにさー
たとえば
走ってる子が
いました
その子がケガを
しないように
守ってあげるのが
神様のお仕事
なんだよ
キキーッ
いろんな神様がいるから
全部がそういう お仕事の
神様じゃないけど
そういう神様が多いんだよ
だから何てゆーかさー
ケガの痕を治して下さいって
いうのはさー
それでも神様 頑張ってくれるんだけど
ちょっと違うんだよ
んー つまり手術の痕を
キレイに治してほしいって
いうのは お願い事としては
ちょっとズレてるわけね？
うん
神様に得意分野あり

ケガの意味

でもさー
ケガしないように守ってくれるのが
神様の仕事なら どうしていろちゃんは
あんな大ケガしたんだろう?
いつも神社で お参りしてるのにね
よいしょ
顔面骨折
あれはあれで よかったんだよ
みんなが心配してくれて
いつも気にしてなかったお友達が
優しいなってわかったし 仲良くなれた
いろちゃんも 誰かがケガしたら
優しくしてあげようって思ったよ
それに
いろちゃんがケガしたから
落ちるとこうなるんだって
他の子たちが みんなわかって
みんなの役に立てたんだよ
そーいうのが いろちゃんにとって
大事なことだったんだよ
そっかー
じわっ
神様 ありがとう
うちの娘は
いい子です

熱海旅行

旦那の病気
終わりの見えないワンオペ育児
娘の受験
わけのわからないお受験ママバトル
フルタイムの仕事
すべてに疲れて逃避するようにいろはと2人でやってきた熱海旅行
熱海
あたみ
Atami
海岸についたのはちょうど雨上がりのときでした
わあ すごい後光
光の階段だー
本当 光の階段みたいだねー
うふっ

みたいだねー
じゃないよ
ママ
あれは
本当の光の階段
なんだよ
人が死ぬとね
あの光の中を通って
天国に行くんだよ
いろちゃんは
ママに教えて
あげてるんだよ
これっくらい
たくさんあると
全部がそういう
わけじゃないけど
さー
そういうときに
光の階段が
できるんだよー
ふーん
ほんとだよー
ハイハイ
そうだねー
あはは！

ママー
ぶん
ぶん
あっ
じわっ
ありがとう
ママの心も
今成仏したよ
ママだいすき

写真
熱海来宮神社
いろはと
一緒に神社に
お参りに来ると
よくあること
なのですが
なぜか神社の境内
限定でデジカメが
動かなくなる
ことがあります
はい
撮るよー
あれ
またダメだー
さっきまで
普通に撮れてた
のになー
いろちゃん
神様に写真撮らせて
下さいって
お願いしてくれなーい？
いいよー
こっちだ
グル
グル
本殿
こっちだよ
でも
神様
こっちだよ
北向き
パン
パン
無事に撮影できました
この距離でも北向き!!

お参り
せーのっ
パン
はらい たまえ きよめ たまえ
パン
何かお話ししたの？
「いろはです お願い事はありません」って言った
へぇー 神様何か言ってた？
「そうか」だって
それだけ？
うん
ママはいつも いろはがスピリチュアルな話をしたときは 過剰に反応しないように なるべくスルーするように 心掛けています
だけどだけど せっかくこんな 遠くまで来たのに
へぇー
あーもったいない!!
(ママの心の叫び)

大《おお》楠《くす》
来宮神社のご神木
わぁー すごい!!
すごい 威圧感 これは何か いるなぁー
龍がいる! 龍だよ ママ!!
木の周り
そっかー 龍かー 何匹いる?
1、2、3、4、5 5匹! 5匹いるよ
へぇ 何色?
赤! 全部 赤だよ

この木はさあ 神様が 入っているのかなー
んー 神社にいるような 神様とは違うよ けど すごい力が 入ってるんだよ
あー お願い叶えるとか じゃないわけね？
うん
こっち こっち ほら この川から 力が来て
この穴から 入り込んでる
へえー
キャッ キャッ
パワースポットー
あ

ママー あれー
あー あれはマナー違反だね
あれもー
ママはさー こういうの触ったりするのって木に失礼じゃないかって思うんだよね
うん うん
木の力の邪魔しちゃ悪いんだよ
触られて嫌だなーって思ってるよ
ご神木には触らない

千本鳥居
来宮神社の摂社 来宮稲荷
ずら〜っ
ふぉー これだけ鳥居が並んでいると お辞儀するのは最初の鳥居だけでいいよねー
違うよ ママ 入るときは ここと
ここ
出るときは ここと
ここで お辞儀

えー 入口と出口で 結界が違うのー? ママにはみんな 同じに見えるよ
1人で千本鳥居の お稲荷さんに 行くときは お辞儀しっぱなしで 通るしかないなー
てゆーか この子 本当に 見えているの かなー
パン
パン
ねぇ ここの神様って どんな神様なの?
キツネだよ
キツネってことはさー 犬の仲間だから お隣のルルちゃんみたいに 小屋の中でゴローンって してる感じ?

何言ってんのー？ ママ 神様なんだから ちゃんとしてるよー
へぇ 今何してるの？
まっすぐ お座りして じーっと こっち見てるよ そうやって人間のお願い 聞いているんだよ
へぇ キツネの神様 何色なの？
えー？ キツネって 薄い茶色みたいな キツネ色でしょー？
白
違うよ
白だよ 神様なんだから 白に決まってる じゃん
びしっ！
マジ見えてるっぽい
ひゃ～ ごめんなさい～

楽しかったねー
いろちゃん
何が一番
よかったー？
チョコ
アイスー

憑依《ひょうい》
「パパ気持ち悪い事件」があってからはいろはがパパの気持ち悪いを予知してくれています
ママー パパ今日 気持ち悪いよー
あら そう ありがとう
もしもし パパ あんた今日ヤバイから お不動様のご真言 唱えてから 帰ってきなさいよー
だけど今日は いろはの元気がない こんな日は予知ができません
アアアー
アアー
なおちゃんが ウソついたんだよー いろちゃん悪くないのに いろちゃんが 先生に怒られたんだよー
ただいまー
ガチャ
う…
ドキッ

誰も私のこと
わかってくれないのよー
あなた 私がいなくちゃ
ダメなのよ～
アアアー～
ママ～
う!!
これは 明らかに
別人格!!
憑依!?
オロオロ
私はこの人格を知っている
それは旦那の元カノ
あなた 私がいなく
ちゃダメなのよ～
あんたは外で
ご真言
はい
私に生霊を祓う
力はない
いろはの力に
頼らなければ…
キュアップ
ラパパー
ほらー
いろちゃん
プリキュアごっこ
よー♪
頼む～
いろはパワー
復活してくれ～
ピタッ

今だ
バチン!
ふぇ〜
ス〜〜ッ
いろちゃん ママとジャンプしよー
ジャンプ
ジャンプ
ホッ 子供はジャンプで笑う
あとは…
アハアハハ
いろちゃーん 神様 呼んでよー
チョコアイス買いに行くからー
え〜
あー疲れた 何か対策をとらなければ

破魔矢
いつもいつもチョコアイスで神様を召喚するわけにもいかないので
神社で破魔矢を購入 3本の矢 作戦
神様 破魔矢を買っていきます この破魔矢に強い力を入れて守って下さい
ビュン！
OFF!
ふぉー すごい風が吹いたなあ
ん？ この破魔矢 光ってない？
ママー どうしたの？
んー 破魔矢が光って見えたんだけど 気のせいかなあ ママ 目が疲れてるから
光ってるよ ママ 神様の力は目の悪い人でも目が見えない人でも見えるんだよ
3本の矢
玄関用
リビング用
寝室用
やっぱり光ってる!?

破魔矢
よく働いてくれています
ただいまー
ガシャン

酉《とり》の市
いろはに関東随一の酉の市を見せたくて
自宅から片道2時間かけて遠くの神社にやってきました
うわーすごい人ー
わいわい
にぎにぎ
社務所で一番小さい熊手を購入
○○神社
神様熊手を買っていきます熊手に強い力を入れて下さい
わいわい
何かお話しできた？
人多すぎてそれどころじゃないよー
人が多いと通信不能

福招き

そういえば昔
ばあちゃんが
熊手はこうやって
福を招くんだよ
ワサ
ワサ
って
やってたなあ…
よいしょ
よいしょ
ワサ
ワサ
こうやると
福が集まってくるって
いうんだけど
どうなんだろうなー？
ママー
何してる
のー？
いろちゃんも
やるー
ほんとだー
わーって
集まってくるよ
だんだん重くなるー
手が
じんじんするー
これ 玄関で
やるといいよー
ワサ
ワサ
熊手は使うもの

力の種類
あっじゃあ これもきっと 使ったほうが いいよね
パワーアップだー
こんな感じ かなー？
えーい
あーママ それは やめたほうがいい
え？ なんで？
なんてゆーかさー これはパパやママや いろちゃんに幸せを 集めてくれるやつ
それは 悪いやつを やっつけるやつ
入ってる力が 違うんだよ
それは あんまり 人間が触っちゃ いけないやつ
破魔矢は 触っちゃいけない やつ!!

熊手の神様
なんだか 熊手に すごい存在感というか 何かの気配を 感じるような…
じー
気のせい かなあ
いろちゃーん この熊手 もしかして 神様入って ない？
熊手？
入って ないよ
うん
そっか 気のせいかー
数週間後
真っ黒
じー
え？ 竹ってこんなにすぐ 劣化するもの？ おかしくない？

いろちゃーん やっぱり これ 何か入ってない？
えー このあいだ 入ってないいって 言ってたじゃーん
うん 神様 来てるよ
熊手には入ってないよ 入ってるのは 真ん中の紙のところ
○○神社
くう～ 6歳の 理解力…
いつも入ってるんじゃ ないよ ときどき来てくれて るんだよ
パトロール制!?

神様が来る

ちょっと待って
神様が来てるって
ことはさー
ママ ときどき
熊手使ってるけど
あれってやったら
ダメなんじゃない？
ワサワサ
あれは
やったほうがいいよ
神様 日曜日に来るから
金曜日か土曜日にやると
いいよ
神様 居心地良くなって
喜ぶよ
え!?
神様 来る曜日
決まってるの!?
なんで？
決まってるわけ
じゃないけど
だいたい日曜日に
来てるよ
パパとママといろちゃん
みんなが家にいて
仲良くしてるでしょ
神様
そういうときに
来るんだよ
家族愛は神を呼ぶ!!

ところでどこの神様が来てくれてるの？
熊手買った神社だよ
ってことは熊手交換するときは同じ熊手に交換したほうがいいよなあ…
えー私毎年あの神社に行くのー!?
片道2時間!
ひえ〜
日曜日…
キュアップラパパ
違うよパパ こうだよこう!!

いろはと伝統文化

ママは関東の下町で育ちました。今では近代的な街に変わりましたが、ママが子供のころは、地域ぐるみのおつきかいが残っていた時代でした。

お祭りが近づくと町内会総出で祭りの準備をし、お正月やお盆が近づくと親戚一同が本家に集まって、神様を迎える準備や、仏様を迎える準備をしていました。

ママは両親からほったらかされて育ちましたのでそういった伝統について、親からは何も教えてもらっていません。ママの両親はお金にならないことには一切興味がないので、神棚も仏壇もほったらかし。何もしていませんでした。子供ながらにウチの親はこんなことじゃいけないなと感じながら育ちました。

ですがママは、地域の様子や親戚の様子を見て、伝統を知ることが出来る環境があったのが、今思えばありがたかったです。商店街の近所の家に遊びに行けば、玄関に盛り塩がしてあり、店には熊手が飾られ、家の中には綺麗に手入れされた神棚が祀られていましたし、本家にお遊びに行けば、お正月には家じゅう部屋ごとに正月飾りが飾られ、お盆にはみごとな仏壇飾りが施されていました。

しかし、いろはにはそういった環境がありません。ママが教えなければ伝統に触れる機会はありません。いろはが大人になって伝統を受け継いでいくか、やめてしまうか、本人の自由ですが、もし受け継ぎたいと思ったときに、それが出来る選択肢を与えておいてあげるのが親の務めだと、ママは思っています。

だからいろはには、お参りの作法を教えたり、お札や熊手の扱い方を教えたり、ママの知っている限りのことを教えています。神社の行事ごとのお祭りにも必ず家族で行くようにし、伝統に触れられるよう心掛けています。ママは自分が子供の頃、家族とお祭りにいくことなんてありませんでしたから、ママ自身もこれがけっこう楽しいです。いろはのためのつもりが、いつのまにか、パパとママのためにもなっています。

お願い事

お正月
天神様に初詣
天神様 私も いろはみたいに 天神様の声を 聞きたいです
パン パン
ママー 何お願いしたのー?
うふふ ママは ねー
あー ごめん ママ 言わないで
お願い事 言っちゃダメ だった
そうなの? なんで?
人に言わないと きっと叶うかもーって 感じだけど
言っちゃうと 叶うかどうか わからないかもーって 感じになっちゃうよ
そっかー じゃあ 内緒ー
うふふ
お願い事は 人に言わない

天神様って
翌朝
キラッ
キラッ
キラッ
聞こえたー!!
天神様の声だ!!
ガバッ
それは例えば
隣の部屋で誰かが話しているような
人の声が聞こえてくるのはわかるけど
何と言っているのかまでは
聞き取れないくらいの聞こえかた
だけど眩しい光を見ているような
美しい音楽を聴いているような
不思議な感覚
若い男の人の
声だった!
ドキ
ドキ
いろちゃん
いろちゃん
ねえ 天神様って
どんな声の人?

※パラジュク：アニメ「プリパラ」に出てくる架空の街の名前

天神ファミリー
そういえばさー 天神様には もう1人の神様と ご眷属の男の人が 3人と 女の人2人 いるって言ってた よねー
その人たちは どのくらいの 年なの？
みんな大人だよ 天神様よりちょっと 若い感じだよ

天神ファミリー ヤング集団!!

財布がない
しまったー お好み焼きなのに ソースがないー
パパー お願い スーパー行って お好みソース 買ってきてー
はい 私の財布 持ってって
おう
うつだから 用事 頼むの心配だけど スーパーで ソース買うくらい 大丈夫だよね…
スーパーまで 徒歩5分
いってらっしゃーい
パパ 遅いねー
うんー
プルル
財布なくした〜 家からスーパーまで 何度探しても 見つからない〜
パニック
はあ!?
あなたは交番に 行きなさい 私もスーパーまで 探してから行くから

いろちゃん行くよー
まったくもー
ないねー
今月分の生活費が…それにクレジットカードキャッシュカードポイントカード…お気に入りの財布だったのに…
ないねー
書類書けない～
吐きそう～
パニック
貸しなさい
あなたは神社にお参りに行きなさい
私といろははもうちょっと探してから帰るから
はい
そうだ いろちゃん天神様にお財布探して下さいってお願いしてくれない？
今ー
いいよー

北向き
二礼二拝
パン
パン
神様おねがい〜
天神様
何か言ってた？
「そうかそうか
頑張ってみるぞい」
だって
ぞい？
ぞいって何？
どこの言葉？
プルル
もしもし
財布あったー
家の前に
落ちてたよー
はあ!?
あれ？何で
家に戻ったの？
いやなんとなく
急に戻らなきゃって
思ってー
家の前にあったって
さっきはなかった
よねぇ…
天神様 仕事早っ!!

右耳

結局ママに天神様の声が聞こえたのはあれっきりだったなあ…
あれはお正月のご祝儀かあ…
おはよー
んー
そういえばママは金縛りにあうと左耳から幽霊の声が聞こえたりヤバイ場所に行くと左耳が耳鳴りする
だけど天神様の声は右耳から聞こえたなあ…
ねえ いろちゃん いろちゃんはいつも神様の声ってどっちの耳から聞こえるの？
んー こっち
ひだり
右だね!!

不幸体質
ママはクジ運が悪い 倹約家なので様々な懸賞に応募するものの 人生で一度も当選したことがない
ネット通販で買い物をするとおかしいくらいの確率で不良品が届く
びろ～ん
ぼろっ
んー
ある日
ふぉー!! 当たった!! 何だろう!?
ご当選おめでとうございます
あれ?
ぬいぐるみ
わーい ママありがとうー
別の日
うわ!! 当たった!!
あれ?
お子様シールセット
わーい ありがとうー
強運

うーんママは自分のは当たったことないよー
買い物すると不良品ばかり届くしー
ママはさー自分の所に悪いのが来れば その分他の人が嫌な思いしなくてすむからそれで良かったって思ってるでしょー？
うん
だからだよーもっと強い気持ちでお買い物しないとー

強い気持ちでクリック!!
プル
プル

節分
近所の神社の節分祭
ママー
他の人の所に幸せが行く
からいいやって思うのは
ママの良いところだけど
今日はダメ
私が取るぞって
気持ちで頑張るんだよ
わかったよー
ワー
ワー

終了ー
からっぽ
もう ママはー 他の人の所に 幸せが行けばいいや って思っちゃった でしょー
うーん 頑張ったんだけどなー 思っちゃったかもー
でもさー こういうふうに 人にあげた幸せは 必ず 自分の所に返ってくる から ママはそれでいい と思うよー
クスッ
あの よかったら これどうぞ
ほらね

絶対方向感覚

恵方巻《えほう》ー えっと 今年の 恵方は…
あっちだよー
エアコンの ほうー
あっちだってばー いろちゃん 保育園の 先生に教えてもらった もんー
いやいや ちゃんと調べるから
あ 本当だ エアコンの方で あってる
なんでわかるの? 保育園で教えてもらっても さー 場所が変わると わからなくなるでしょ? 普通ー
保育園まで 曲がりくねった道を 片道6キロ
保育園
自宅
わかるよー だってこっちが か…
あー はいはい そうね
北
方向感覚が 神様基準

ママー
この豆
もう飽きたー
まだまだ
あるよー

オーラ

オーラはですね こうやって指先を くっつけたり 離したりして 練習すると誰でも 見えるように なるんですよー
ふーん そういうもん かなぁ…
ユラ ユラ
ぼやぁ〜〜
見えた!!
いや気のせい? 残像!?
わっせ
わっせ
ママー 何やってんのー?

ねえ いろちゃんはさー 人とか動物の周りに 光が見えたりする？
見えるよー
見えるんだ!!
それ オーラって 言うんだけどね 普通の人は 見えないいんだよ
ママも見えないいん だけどね 今ちょっと見えた 気がしてー
手の周りが 緑っぽく見えた んだけど 気のせいかなー？
あー ホントだ 緑だねー ママ疲れてるん だよー
疲れてると 緑なの？
うん
ねえねえ
ママの 頭の周りの オーラは 何色？
黄色
黄色って どんな人 なのー？

んー
ふつうー
普通
ガックリ
そっかー
人間は だいたい黄色なんだよー
あと動物はだいたい白ー
あと物にも光があるんだけどねー
え? ちょっと待って物って 動物とか植物とかじゃない物のこと?
うん
オーラって生き物だけじゃないの?
物にもあるよー
でもいろちゃんそこまでは見えないんだよー
本当は全部で22色あるんだけどねいろちゃんそこまでは見えないのー
ちょっと待って見えないのにそれ どこ情報!?

胎内記憶
ママー いろちゃん ママのお腹にいたとき 1人で寂しかったー
パパもママも いなくて 真っ暗だったんだよ
そうなのー いつも何して たの？
ブクブク
ただ1人で おっぱい飲んで ただけだよ おもちゃも何も なかったもんー
そっか それを伝えた かったんだね…
いろはが生まれたとき 新生児なのに全く眠ろうとせず 何日も何日も怒りを ぶつけるかのように 泣き叫び続けるわが子に ママはとても戸惑いました…
ギャー
ギャ
ギャー
ギャー
ギャー
ギャー
でもたまに ママに内緒で パッてやると ぐにゃってなるの が楽しかったー
あー やってた やってた
ブルン
?
お腹の中にいるとき たくさん話しかけて あげればよかったなあ

誤解

保育園のお迎え
こんばんはー
あ お母さん ちょっといいですか?
いろはちゃんは 何か事情がある子 なのでしょうか?
実は今日 保育士が いろはちゃんから こんな話を聞きましてー
いろちゃん 赤ちゃんのとき ずっと真っ暗な所で 1人でいたんだよー サチコさんって人が いろちゃんを見つけて ママに渡したんだ よー
ドキッ
いろはの 霊感が バレた!?
あー それ お腹の中にいた ときのことだ!!
サチコさん 助産婦さんの 名前だー!!
何の事でしょうー? いろはは 私が産んだ 子ですよー
何か怖い夢でも 見たんでしょう かねー
アハハ
そうですかー
オホホ
焦ったー!!

普通の子
いろちゃんさー
普通の子はお腹の中にいたときのこととか天国にいたときのこととか覚えてないからね
そういう話するといろちゃんがウソつきだって思われちゃうよ
なんかゆきえ先生に話したくなっちゃったんだよー
てへっ
あとね
神様がわかることは絶ー対!!よその人に話しちゃダメだよ
普通の人は自分の目に見えるものしか信じないからね
それはわかってるよー
いろちゃんの力は人に知られちゃダメな力だよ
それはわかっているのか
ほっ

名前の思い出
ママはいろはを妊娠していたとき
この子の名前は物事のはじまりの名前…
ABC… あいうえお… 違うなあ…
いろはにほへと… ! この子の名前はいろはだ!!
なぜか不思議とわが子の名前をわかっていました
だけどそれはパパには内緒
産むのは私の仕事だから
おう
名前をつけるのはパパの仕事ね
わかな わかば どっちがいいかなー?
んー 生まれたら顔見てインスピレーションで決めたら?
赤ちゃん なまえ辞典
Dizzy Daze
ギャ
今思えばこれが
いろは! この子の名前はいろはにしよう!!
生まれたて
いろは初めてのスピリチュアルパワーだったのかも

念力パワー
保育園の帰り
明日 遠足だねー
うん 楽しみー
ゆうたくん 明日 お休み だよー
あら どうしたの？
ゆうたくん それはいつも乱暴な困った子…
今日 お昼に 真っ赤な顔になって ゲーって吐いて お母さん お迎えに来たよ お熱だよー
あら？ 前の遠足も ゆうたくん お熱じゃなかった？
そうだよー みんな ゆうたくんが 遠足来たら嫌だなー 来なければいいのにって 思ってるから
みんなの力が 集まって思いが 本当になるんだよ
子供の念力 怖っ!!

裏の顔
でもさー ゆうたくんって お母さんは あんなに 優しい人なのに
どうして ゆうたくんは あんなに乱暴なん だろうねー？
ゆうたー
ゆうたくんのお母さんは ママみたいに子供 育てる人じゃないよ ばあばと同じだよ
ばあば それは私の母 外では上品なマダムを演じているが 家の中ではほぼ鬼ババでネグレスト
かわいいまごでしょー
あっちいけ
あら いろちゃん ゆうたくんの お母さんの そういうところ 見たことあるの？
見てないよ でもそういう ところは わかるよ 見えるよ
透視能力!?

ママの過去
ママー
保育園のなおちゃん みよじが 変わったんだよー 何でだろう？
あー それは きっとお父さんと お母さんが 離婚したんだねー
リコンって なにー？
お父さんと お母さんが結婚を やめることだよ
ママもさー 離婚したこと あるよねー
え!?
何で知ってるの!?
誰かに聞いた？
アルバムで 見たよー
ウソだー そんな写真 ないよー
ママの古いアルバムは 押し入れのダンボールに 入れっぱなし
もし出したと しても当時の 写真は1枚も ないはず

写真のアルバムのことじゃないよー
ママが結婚したんですーって話してて
METZ
でも 隣に立ってる男の人がパパじゃないの見たよー
ゾワッ
この子 いったい何を見ているのー!?
ん?
もしかして赤いノート…
まさかねえ…

異変

ママー もうすぐ 赤いノートが なくなるんだよ～
は？
ママ 修行して
え!?
ママに持ってて ほしいんだよー
はあ!?
「赤いノート」というのは いろはが言葉を話すようになった 2歳頃からよく口にしてた言葉で…
車は左側を通る からね 人は右側を…
ちってゆー 赤いノートに 書いてあゆもんー
信号の黄色は 注意してって 意味でね…
ちってゆー 赤いノートに 書いてあゆー
サンタクロースは くつ下の中にね
ちってゆー 赤いノート にー
本人いわく 世の中のことが何でも 書いてあるノートで
赤いノート 見れば わかゆー
何でも 書いてあゆん だよー
それを見れば どんなことでも わかる物なのだそうですが…

もー いろちゃん そんな物 持って ないでしょー
うちに赤いノート なんて ないじゃなーい
あゆよー!
あー はいはい
いろちゃん 持ってゆよー!!
もちろん いろはの持ち物に 赤いノートなんて ありません
まったくもー この子は 知ったかぶりと いうか
負けず嫌い というか…
と思っていたのですが…
もうすぐ 赤いノートが なくなるんだよー
もう 神様に返さなきゃ いけないの~
え!? もしかして 赤いノートって 本当だったの!?

いろはのお願い

マジかよ… えーっと えーっと どこから聞いたら いいのかな…
えーと さあ その赤いノート ってさあ ママ 見たことないけど どこにあるの？
いろちゃんが 持ってるよー
神様みたいな感じ でさー 目で見えたり 手で触ったりできる 物じゃないんだよー
あー いろちゃんの 心の中に しまってある ってことね？
うん
それ いつから 持ってたの？ 生まれたときから 持ってたの？
違うよ 2歳のときに 神様からもらった 空から下りてきたの
ふーん それで そのノートを もうすぐ神様に 返さなきゃならない わけね？
でもね ママが修行して 持てるようになって くれたら ママに渡せるから まだ神様に返さなく ても大丈夫なんだよ
それはダメなの いろちゃんは もう持てないの
いろちゃん ママに持ってて ほしいんだよー
えー それは大変な話 だねぇ… ママはいいから いろちゃん 持ってたら？
ふーん そうなんだー

ふーん
赤いノートを持てるようになるために修行ね～
なんだかすごい話だなあ…
でその修行って何？ママはどうすればいいの？
こうだよこう!!
お外に出てねこっちの手をお空に向けて
力集まれ～って感じで集めるの
いろちゃんはそれやってたから神様が赤いノートくれたんだよ
はあー………
わかったよ………
うーんそんなことでママが不思議な力を手に入れられるとは思えないけど

翌日
いろはは あんなこと 言ってたけど 修行なんて 一朝一夕に して出来るもんじゃ ないしなあ… まあ そのうち…
だいたい 本当かどうかも 怪しいし しばらく様子みよう…
その日の保育園お迎え
ママ 赤いノート なくなったよ
え？ もう？ いつ なくなったの？
お昼寝してるとき お空に帰って 行ったよ
ママ 修行してくれ なかったでしょ!!
ママが修行してる ところ 見えなかったよ
え!! そんなに急な話 だったの!?

私が疑わずにすぐに修行していれば何か変わったのかしら?
あぁ〜
なくなっちゃったよ〜
そっかーごめんね
神の声を聞く子供と聞けない大人それはピュアな子供と疑り深い大人の違いかしら?
だけどもし赤いノートが本当だったとして世の中のことが何でも書いてある本
そんな物を手にしたまま大人になっていくのはとても怖ろしいことだと思うし
きっとそんな物はママにも扱いきれない
なくなってしまって本当に良かったと思うよ

赤いノート
あーあ
赤いノートがあれば
何でもわかった
のになあー
しょんぼーり
もう だんだん
見たこと忘れ
ちゃうよ
そのうち
赤いノートのことも
忘れちゃうんだよ
普通の子と同じに
なるんだよ
今のうちに
覚えてることだけ
でもメモして
おいたら？
書けないよー
ひらがなとかで
書いてあるんじゃ
ないんだよ
英語みたいな文字
でもなくて
わからない字
なんだよ
でも見ると
何が書いてあるか
わかるんだよ
たしかに
見て理解した内容を
言葉にするのは
6歳児には
厳しいなあ…
そっかー
赤いノート
念力で読むもの!?

交信のはじまり
いろちゃんは赤ちゃんのとき暴れて泣いてばかりだったから
はぁ～ いいな～
ああやって赤ちゃん抱っこしてるお母さん見るとママは心底うらやましいよ…
いろはは赤ちゃんなのになぜか寝ない子で泣いて暴れてばかりいたのですが
お宮参り 厄除け 等々
神社でのご祈祷の最中だけはピタっと泣きやんでいました
ビシッ
でもいろちゃん神社でお参りしてるときは泣かなかったでしょー？
あーたしかに
あれは神様のことを調べてたんだよー
だから神様があーこの子はって気づいてくれていろちゃん赤いノートもらったんだよ
赤ちゃんが黙ったら神様と交信中!?

結末
アパート契約更新のご案内
○○様 明日
もうすぐいろはは小学生 今のアパートだと手狭だし
家を買う!!
パパの病気も良くなった 今ならローンが組める!!
一大決心
神様!! 家を買います！ 一生の買い物なので絶対に失敗したくありません！ 助けて下さい!!
小学校まで通学45分以内の場所がいいです
地盤が丈夫な家
予算○千万以内
駅徒歩10分以内 通勤に便利な○○線沿線がいいです
今年の夏休みまでに引っ越したいです
地震や津波 自然災害がおきても無事な家がいいです
火事にならない家
一生 無事に住み続けられる家
お墓 お寺 水辺の近くは嫌です
日当たりの良い家
ママは霊媒体質なので 幽霊がいない家にして下さい
霊道になっていない家
風通しの良い家
幽霊 悪霊が寄り付かない家
隣近所に変な人 嫌な人が住んでいない家
ご近所さんが親切な場所

う〜ん
駅近だとやっぱり
戸建てより
マンションかー
これから
新築予定の
マンション
ないしー
探すなら
中古マンション
だねぇ
中古だからすぐ
申し込まないと
売れちゃうよ
お
これは？
時間との
戦いだね
いろちゃん お願い
この家 いいかどうか
神様に聞いて
くれない？
チョコアイス！
お願い！
そこを何とか！
大事なことなん
だよ〜
えー 今日は
疲れてるから
無理だよー
パン
パン
遠隔通話
もうー
どう？
あれ？
何か歯切れ
悪い？
んー これでもいいし
他のを探してもいい
好きにしていいって
そっか…
ありがとう…

翌日
いろちゃん お願い この家も 神様に聞いて くれないー？
えー
翌々日
いろちゃん お願い こっちの家もー
えー
そんな日々が 続いたある日
いろちゃん お願いいー
ママ…… いろちゃん 神様とお話 できないんだよ～
え!?
………
そうなんだね いつから聞こえ なくなってたの？
うえ～ん
最初から 聞こえないよ 全部 ウソだよ～
ごめんなさい～～

いろはは
ウソだったと言うけれど
ママには
いろはが今まで話していた
不思議な言葉の数々が
とてもウソのようには思えません

神様と話せるという感覚は
きっと いろはにとって
夢なのか現実なのか
曖昧な感覚で
聞こえなくなった
今となっては
あれは夢だったのかも
気のせいだったのかもと
感じるようになったのでは
ないかとママは思うのです

そっかー ウソだったのかー
ふえーん
ママ いろちゃんに 頼りすぎちゃったね ごめんね…

だけど いろはが
あれはウソだったと思うなら
それで良いと思うのです
特別な霊感をもって
生きていくことは
とても危険と隣り合わせだから
ウソだったと思ってくれていて
そのうちに そんなことも
すっかり忘れてしまってくれれば
万々歳!!

めでたし めでたし

家探し

よし!! 家探し 自力で 頑張るぞ!!
もし いろはが神様と 話していたのが 本当なら ママには神様の声が 聞こえないけれど 神様のほうには ママの願いが聞こえて いるはず
気合十分
神様 お願いします 今気になっている 物件を契約申し込み するつもりです もし私達に良くない 家でしたら 止めて下さい 良い家を探して 下さい
ぼや〜
遠隔通話のつもり
パン
パン
さっき茶色い壁の建物が 見えたような… 気のせいかな…?
もしもし 不動産屋さん 先日の物件を 契約申し込みたい のですが
残念ですが あの物件はつい先ほど 別の方が契約なさい ましたー
えー

ですが ぜひ ご紹介したい 別の物件が ございます
こちらで ございます
あの建物だ!!
こちらは先日 公開された ばかりですから お客様が初めての ご内覧です
ですが これだけ条件の 良い物件ですから すぐに決めて いただかないと 他の買い手が つきますよ
きゃー 素敵な マンション~
今まで 見てきた中で 一番だな
ここが いいー
駅近 通学 通勤 便利 理想の家 希望通りだけど 即決する 勇気はない~
失敗できない買物
う~ん
ちょっと 考えさせて 下さいー
パパお願い 神社に行って おみくじ引いて きて
おう

ふぉ〜「買え」の文字が光って見えるねー
大吉
買え大利あり
じゃ〜ん
よし!!契約だ!!
神様ありがとう理想の家が買えました
スピリチュアルなパワーがなくても何とかなるもんだ
SONIC'S RENDEZVOUS BAND

小学生になりました
祝入学式
○○小学校

引っ越し

ママー 何してるのー?
お引っ越しするからお札包んでるんだよー
これ 新しいお家に持って行くのー?
そうだよー
移動するとさ お札弱く なっちゃうね
え? そうなの?
うん そのお札 持って行っても いいけどさー
新しいお家用に 新しいお札も買って 持って行ったほうが いいよー
へえー そっか じゃ そうするよ
ありがとう

新居にて
ふうー だいぶ片付いたけど
なんだか しっくりこない というか 落ちつかない 部屋だなー
何がおかしいんだろー
神社
不動
ママー このお札とこのお札は 入ってる力の種類が 違うからもっと離して 置いたほうがいいよー
これだと 力が重なっ ちゃってるー
これっくらい？
ススッ
ススッ
まだ 重なってるー もっと もっとー

あと熊手はあっちの壁
矢はこっちの壁のほうがいいよ
うわーすごい部屋がすっきりしたー
落ちつくー
ほっこり
いろちゃんありがとう!
あれ?
めでたしめでたし?
oshimai

あれから

結局のところ、いろはの不思議な力が本当だったのか、ウソだったのか、謎です。

いろはは、「神様とお話しできない。最初からウソだよ」と泣いた後に、「赤いノートもウソだよ」と言っていました。でももし、いろはの言う通り、赤いノートがウソだったとしたら、いろはは2歳のときから約4年がかりでウソをついていたことになります。幼児がこんなに一貫したウソがつけるものでしょうか？

また、神様とお話しできるのがウソだったとして、だったらどうしてそんなことがわかったのか、つじつまが合わないことが多すぎます。もしいろはがウソをつくとしたら、ママの気を引いたり、ママを喜ばせるようなウソをつくと思うんですよね。だけどなんというか、いろはの言う神様の言葉は、ママを喜ばせるような言葉ではなく、いつも人間を応援してくれているものの、決して甘やかさない厳しさがありました。いろはは今までに他のことでママにウソをついたことは全くありません。ママには、とてもいろはの言葉がウソだったとは思えないのです。

あれからいろはは神様の話や赤いノートの話は全くしなくなりました。小学校生活を送っている今、不思議な力もほとんどなくなっているように見えます。きっと今なら、「あれは本当だったの？」と聞けば、もしウソだったとしてもママの気を引くために「本当だよ」と言うかもしれません。もし本当だったとしても、力がなくなって、忘れかけているいろはを困らせるだけです。

だからママはもう、いろはに神様のことを聞くことはしていません。ママは自分が霊感で苦労をしているので、いろはの力がなくなって、本当によかったと思っています。このまますっかり忘れさせてあげたいです。

ただ一度だけ、いろはに「笑顔の子から元気をもらうあれ、まだやってるの？」と聞いたことがあります。いろはの返事は「誰でもやってるよ」とのこと。案外いろはが持っていた力は、小さい子供なら誰でももっている力なのかもしれませんね。

謎は謎のまま、さようならです。だけどもし、いろはが大きくなってスピリチュアルパワーを発揮するようなことがあったら、6歳の思い出話をしてあげようと思っています。

いろちゃん そういえばさー
前に 笑顔の子から 元気をもらうって 言ってたやつ あれ まだやってるの？
あれは誰でも やってるよ
みんな自分で 気づいてないけど やってるやつだよー

いろはママ

関東在住。
30歳で微妙な霊感体質を発症。
不妊治療の後、30代後半で一人娘を出産。
フルタイムで働く、お疲れ気味の主婦。
更年期と霊感と戦いながら子育て奮闘中。
Twitter 公式アカウント
いろはママ スピリチュアル漫画　@iroha_spiritual

うちのスピ娘のパワーが
ちょっとすごくって

令和元年10月7日　第1刷発行

著　者　いろはママ
発行者　日髙裕明
発行所　ハート出版
〒171-0014 東京都豊島区池袋3-9-23
TEL03-3590-6077　FAX03-3590-6078

ISBN978-4-8024-0078-7　C0011
©Iroha mama 2019 Printed in Japan

印刷・製本/中央精版印刷　編集担当/日髙　佐々木

乱丁、落丁はお取り替えいたします(古書店で購入されたものは、お取り替えできません)。
本書を無断で複製(コピー、スキャン、デジタル化等)することは、著作権法上の例外を除き、禁じられています。
また本書を代行業者等の第三者に依頼して複製する行為は、たとえ個人や家庭内での利用であっても、一切認められておりません。